오목한 양지

몽트시선
001

오목한
양지

박정수 시집

몽트

시인의 말

꽃 떨어진 자리에 들어앉은 욕망,
모든 시작은 저렇게 작게 선명히 조심스러울까?
점점점 커지는 그 안으로
빛과 바람과 토양이 서로 비집고 들어서고
홀연 다 빠져나가 버리고,

들리지 않는 귀로 소리를 내었다.

내가 아직 부족한 까닭이다.

2016년 가을 안성에서
박정수

차례

제1부

제2부

제3부

제4부

제1부

빼근하다

의사는 완치율 99%의 주사기를 든다
달팽이처럼 몸 말고 직립의 시간 지탱해준 척추에게
아침 주스 같은 상큼한 약을 넣는다

빼근할 겁니다

잘 말려 확 풀린 십층 건물의 척추는
이 땅의 고단한 4번과 5번 마디로 세웠을 거야
당신은, 빼근해보긴 한 건가요

업고 고무줄 놀이한 막냇동생이 빼근하고
술주정뱅이 삼촌을 피해 달렸던 밤 골목이 빼근하고
복사꽃처럼 사랑한 체위들이 빼근하고
어제의 아침과 저녁이 빼근하다

빼근한 햇살, 빼근한 연애, 빼근한 이별, 빼근한 꿈.

자화상

청상과부인 외할머니의 기둥은 감나무였다
그 감꽃을 먹고 내가 자랐다

생불이 낳은 새끼였다
국숫값 십 원을 남겨 만화방 누볐을 때
물을 더 잡아 끓여낸 국수 그릇에 외갓집 감나무가
있었다
나는 십 원짜리 시인이다

홑겹 창문 바람이 스산한 친정집에서
어릴 적 일기장 속 뒹구는데
칠순의 엄마 볶음밥을 해왔다
오이 당근 양파
재래시장 파장의 소리 수북한 볶음밥 먹는다
구우―구구우 어디서 자꾸 산비둘기 울음소리가 들린다

낡은 것 안에는 황량한 사막의 바람이 살고
내 안에 그 바람을 달리는 낙타 한 마리 산다
소소초를 씹으며 울컥울컥 샛길 걸어 나오는
내가 있다, 지금도 자라고 있는 십 원이 내게 있다

과수원집 무덤

할머닌 훨훨 타고 있었지
사람들은 식당으로 몰려가 꾸역꾸역 밥 한 그릇 다 먹었지
텅 빈 자궁 속으로 꽃이 가득 피었지
시커먼 연기는 자꾸자꾸 높아졌지
사람들은 퀭한 눈으로 하품을 하지
아이들은 자판기에 동전을 넣어 달달한 한낮을 빌리지
모두가 검은 옷
축제에 초대된 사람인 양 아무렇지 않게 인사를 나누지
현황판에 마지막 호명이 지워진 순간
숫자로 명명된 유골의 주인을 찾는 방송이 쩌렁했지
분쇄기가 윙윙 급하게 돌았지
사과 봉지만한 아흔여섯의 생이 와글거렸지
등 굽은 며느리가 꺽꺽 울고 있었지

눈물은 깊게 패인 주름 속에 박혀 흘러내리지 못했지
한 겹,
다시 한 겹,
마스크의 남자가 빨간 버튼을 눌렀지
잘 포장된 택배처럼 시절의 사과밭이 밀려 나왔지

꽃향기 가득했지

얼음 연가

조심해요 당신
당신이 맘에 들지 않을 때
흔적 없이 사라질 수 있어요

나는 즐기죠
잠든 당신을

그대 커피의 단맛,
밤새 지켜본 입술을 녹였지요
놀라지 마세요 당신
정말 흔적 없이 사라질 수 있다니까요
당신은 잠들죠
나는 즐기죠
당신 몸속의 위스키가 타고 있었지요
밤새 쿵쿵, 내 심장 녹였지요

정말이에요 당신
한 가닥 두려움이 없이 사라질 수도 있다니까요
그땐,
당신이 아무리 찾아도 다시 돌아오지 않을 거예요
조심해요 당신

당신은 무심히 떠나지요

갇힌 채 당신처럼 주인이 되지요
깜깜한 벽의 스위치 누를 순 없지만
조심해요 당신
나는 정말 사라질 수 있다니까요
당신의 유리컵을 살펴보세요

모르죠 당신,

눈은 비처럼 내리고, 사람들은 꽃잎처럼 흩어지고

나는 죽은 것인가, 가슴을 치며 거세게
소리쳐도 웅성거림은 나를 외면한다.

빵 굽는 냄새가 진동한다
목뼈의 절망보다 직선을 이루는 등줄기
빠르게 굳어버린 뼈 마디마디에서
눈꽃이 다시 날아오른다
엉켜버린 마지막 얼굴들
일순간 온기 남은 경적이 뿌옇게 찢어진다
거리엔 온통 차가운 습기뿐
오래된 바게트 빵처럼 딱딱해진 손아귀 속, 핸들
시작과 끝의 경계가 사라진 아침이다

삼월인데 눈이 왜 비처럼 내리는가
정지선 밖과 정지선 안의 반 걸음 사이
내 볼에 입 맞춘 아이의 입술 같은 눈발이
빵 굽는 냄새 사이로 찢어진다

나와 타협한 적 없는 정지선은 스스로 멈춰있고,

빵집 앞
눈은 여전히 비처럼 내리고
사람들은 봄날 꽃잎처럼 흩어지고
멈추지 않는 경적은 조각나고, 나는 어디로 가야 하나

부석사 낙조 _落照

바람의 처음이 그곳이었다

무량수전 기둥에 기대어
뚝 떨어지는 불덩이를 잡아 삼켰다
풀어헤친 가슴에 타다만 옹이가 생겨
황금부처를 얼려버리고
배흘림기둥에 못질하는 붉은 노을로
절 한 채 지어 불사른다
부처의 입술은 아직 따뜻하고
도망치는 내 안의 출구가 쩍 얼어붙고
심중心中에 없는 절 한 채 짓느라
바람의 처음을 여적 만나지 못했었나

불타는 능선의 빗장을 열고
상처 난 새 한 마리 날려 보낸다

오목한 양지

설날 아침
아파트 담장 아래
오물오물 햇살을 먹는 노인
놓고 나온 틀니도 잊은 채
딸각딸각 먼산 지킨다

기다림 빠져나간 배꼽으로
햇살 오소소 떨어지는 정오다

단잠

아카시꽃도 지고요
장마도 지고요
느티나무 그늘은 주절이주절이 넓어졌는데요
이리저리 평상 가득 목화솜이 피었는데요
아파트 12층 신접살림에 들어온 스티로폼을요
할미들 졸아든 발바닥만 하게 나눠 잘라서
목화솜 받침으로 고여 놓고요
엄지 손톱만 한 알반지 똑같은 손들인데요
꽃가라 몸빼에 탁탁 박자를 넣는데요
밀쳐진 고스톱판에는 햇살만 장땡이고요
스르르 알반지 평상으로 떨어지는데요
바람도 조용조용 목화솜 쓰다듬는데요
속닥속닥 새근새근
시샘하는 꿀벌 한 마리 목화솜 파고드는데요
쉿! 이제 그 꽃 더는 빨아내지 말라고

햇살이 목화솜 흔들었는데요

몸빼바지 꽃가라 향기가 평상을 둥둥 띄우는 오후인데요

어떤 삽화

강을 건너야만 하는 마을이 있다
살구꽃은 하루에도 몇 번이고 물가로 달려가 강의 식구가 되던,
강가에서 유년을 보내는 일이란
둔덕의 고요를 먹고서 조약돌을 낳는 일이거나
밤마다 안개로 다가와 내 꿈속을 산란터로 바꾸는 일이거나
석양을 기대고서 누군가를 기다리다 강 속으로 몸을 던지는 그런 일과도 같았다
그곳의 장마는 길었다
마을이 갇힌 날들 속에서도 풋사과의 고립들은 무게를 잃지 않았고
인적 뜸한 날
강가의 풀들은 어디론가 내달리려는 듯 자꾸 푸르러지기만 했다

달달한 위로

속마음 들킨 날
퇴근길 문틈으로 놓고 간
카페모카 스펀지케이크
자라나는 상처에
달콤한 반창고를 붙였다

밀양댁

춘분 꽃나무의 시샘이 제법 칼칼한 아침 엄지발가락 삐죽이 나온 버선발로 기웃거리는 할매, 속주머니에서 만 원짜리 한 장을 내밀며 막무간으로 밀양 가는 표 달라한다 산수유나무 노랗게 멀미 시작한 이곳은 아침이 편안한 안성(安城)인데, 할매는 집 비운지 오래되어 걱정이라며 편의점 유리문 막고 밀양을 찾는다

기억이 온전한 버선이었을 때, 밀양댁은 아들도 남편도 봄날이었겠지 빈집이라 가야한다는 밀양댁, 촘촘한 볕의 기억은 또렷한 것일까, 속바지에 꽁꽁 숨겨둔 통장까지 내밀며 이름은 신순남이고예 밀양에 우리집이 있어예 버스만 타면 찾아갈 수 있어예 밀양은 내가 다 알아예 아들은 죽고 없어예 그래도 집은 있어예 밀양을 가야 합니더 차표 좀 주이소, 전봇대 옆

이 우리집이라예, 밀양간다는 경찰차에 먼저 올라타며 산수유나무 일만 송이보다 더 환하게 웃는다.

직선의 그리움

시장골목 늘어진 전선줄이 걸려 있고
햇살은 잠시 스쳐 지나가고
그녀 굵은 손마디에 배인 바다 냄새
파장 밖으로 밀려날 무렵
사내의 야윈 어깨 한쪽이 그녀 등 뒤로 다가선다
달포 만에 보는 얼굴이다
기다림의 분량은 짐작조차 못하면서
뒤늦게 돌아온 사내는 초라하다
돌아오기 바쁘게 허기진 배를 먼저 채우는 사내
그들의 재회는 회포가 아니다
뒤늦은 위로도 여자에겐 사치일 뿐
그렇게 잠깐의 풍경을 부려놓고서 또 다시
허송세월 속으로 멀어지는 것이다

사내가 남기고 간 빈 그릇
움푹한 나무도마의 비린 눈물들이 그릇에 다시 가득 차고
여자는 자신의 명치끝에서 다가오는 남자를 삼킨다

장미의 고백

—늦봄 연서

바람 속을 걸어왔습니다
가시가 독해지기 전
낯설지 않은 유월의 길을 걸어
그대가 눈 돌린
꽃의 계절을 지나
잎새의 그늘을 불사르기 위해
콘크리트 벽을 기어올랐습니다
단 한 번의 열정으로
뚝 떨어져 죽을 마지막
자유를 불 붙였습니다
그리워지는 구름들
그 뒤에 낯선 이름들
툭툭 붉어지는 햇살을 빨아들입니다

척수 _隻手

칠월 땡볕 시선들이 모여든다
돌아가야 할 곳이 잘려나간 손목에서
고향 가는 비행기가 이륙하고
더운 바람이 불어올 때
사람 많은 역 앞만 골라 눕던 사내
불안한 새벽이 반복되고 시선은 점점 멀어진다
팽팽한 시간 오르내린 듯
사내의 발바닥엔 대동여지도 등고선이 선명하다
어디서부터 걸어온 것일까
멈출 기색도 없이 등고선 간격만 좁다랗다
한낮을 뒤척이는 사내
야자수 그늘 노래 잡아당기는지
히죽거리는 치아 사이로 바다와 맞물린 하늘이 비친다
멀리 파도 소리가 밀려든다
움켜잡으려 애쓰는 허공에 푸른 핏줄이 돋고
잘려나간 손목에서 새벽 화물차 금속성 울음이 운다.

제2부

소포

소설(小雪)인데 남해 벚꽃이 만발한 듯 친정엄마 전화가 수다스럽게 울었다 멸치 여섯 박스 육남매 이름마다 보내고 종이호랑이가 된 아버지에게 연 꼬리를 달아 날리신다

말똥말똥 멸치떼 박제된 시절로 빽빽이 갇혀 환하다 슬퍼서 더 환한 저 은빛 유년에 없던 별들이다 종갓집 두건을 쓴 아버지 축문을 읽는 장손의 외로운 글자체가 누런 포장지에서 헛기침을 한다 십일월 바람 쫓던 늦은 오후 지붕 낮은 마당에서 노모의 요강을 비우는 일흔의 공공근로자,

첫 월급 우려낸 국물에 국수를 말아 후루룩 눈물의 체온을 삼켰다

꽃보다 당신

원인불명 다발성 암을 치료하며 우간다를 오간 지이 년, 남자의 열 번째 항암은 절박했다 새벽 공항을 빠져나온 얼굴빛으로 보면 간의 상태가 절명해 보이는 시커먼 사내의 말이 길어졌다 조용히 우간다 이십 년 삶 듣고만 있던 5번 침대의 부산 싸나이 이춘봉 씨, 암 수술만 열한 번 했다고, 몸속 모든 장기에 암을 다 키워보았다며, 지금도 왼쪽어깨에 한 놈이 살고 있다며, 이제는 니캉내캉 잘 지내자며 산 날이 십 년 하고도 일 년이 지났다고 허한 웃음 던지자, 솜털 송송한 애송이 레지던트의 바늘 끝이 턱, 멈추고 6인용 병실이 술렁였다. 얼굴 심히 검은 그 남자 침대에서 내려가 이춘봉씨 앞 그의 아내에게 손 모으고 허리 굽힌다 몸속 애첩 키우는 몹쓸 남편 보듬는 어진 걸음 따라하듯 조용한 뒷걸음으로 침대에 앉는다 이춘봉씨 슬그머니 아내의 손을 끌어다 잡으며 – 봄에도 내 안 죽고 살아 있다카믄 우리도 우간다 한 번 가보까? 순간에도 똑똑 떨어지는 항암제 올려다보며 그의 아내는 – 지하 식당에서 콩나물국밥이라도 하나 말아오까예……,

秋억

도토리 융단으로 깔린 산에
아버지 심고 내려오는 길

나 죽으면 훨훨 뿌려다오
새처럼 여기저기 온 산 날아다니련다

어머니 약속한 아버지 그렇게 내려놓고
도토리 주섬주섬 주머니에 가둔다

끄덕이는 상수리나무와 주머니 속에 불거지는 눈물 보았다.

토닥이며 눈물 흐른다 1

도마에 가지런히 김치를 썰다가 울컥, 눈물이 흐른다

귀 닫고 누운 아버지, 눈물은 자막으로 흩어지고
평생 한 번도 모르는 척 눈 감지 못한 삶
손 모으고 발 가지런히 귀 닫고 영영 딴청인 아버지

배고팠던 시절 쌀밥에 김치 얻어먹고 싶다는
철없는 편지 받아 든 아버지 걸음은 왜 그렇게 빨랐을까

지독히도 가지런하고 싶었던 여든세 번째 마디가 너무 굵다

토닥이며 눈물 흐른다 2

사는 일이 온통 모서리였던 이름
이제는 없을 어제
빗물은 내리다 주춤주춤 모서리를 탄다

눈물은 빗물과 구별되지 않아 다행이었다

화장(火葬)이 끝나자 멈췄던 빗줄기가 다시 쏟아졌다
빗속으로 잡히지 않는 길 아버지는 혼자 간다
출가한 딸이라며 겸상을 내어주었던 두레상
비의 모서리 타고 굴러내린다

저토록 작아지기 위한 모서리였나
빗줄기 겹겹이 꺾이던 날

눈물은 빗물과 구별되지 않아 다행이었다.

다시, 유월

열무김치는 손이 많이 닿으면 풋내가 난단다
뒤돌아보면 하얗게 흔들리는 망초꽃,

텃밭 고추 갈아 만든 매운 맛에
찹쌀 풀은 맑게 풀어지고
열무국수 한 사발에
한낮 그늘이 무리로 흔들리는 여름밤
풋감 속, 홍조 띤 어머니

열무김치는 소금 간이 깊으면 풋내가 질겨진단다
뒤돌아보면 하얗게 흔들리는 망초꽃.

서풍 불던 날

암자로 오르는 길
숲은 여름비에 갇혀서도 상수리나무를 키웠을까
다람쥐가 길을 낸 산허리 여름과 가을 사이 풀숲에서
이승을 떠난 어머니가 흔들렸다
단 한 번도 자신을 위해 이 길을 내려서지는 않았을,
그런 그리움을 산 중턱에서 마주쳤기 때문인가
가끔씩 산행 때마다 차려 입은 어머니의 바지주머니에서
물컹한 전생의 부피가 짚이는 까닭은
그토록 오랜 시간이 지나도 주머니 속을 빠져나가지 못하는 어머니
병마의 마지막 고통에서 이승을 놓을 때
그때도 아마 주머니 속을 헤맸을 것이다
내가 절을 하고 나와 세속의 여인 하나 보내자
길들은 아무런 약속도 없이 들판으로 튕겨 나가고 있었다.

언년 씨

역과 역 사이 그녀의 고향이 있다

평생 풀 한 포기 없는 콩밭,
끝이 뭉툭한 호미가 그녀의 지우개다
빛바랜 사진보다 더 희미해져버린 얼굴들
매미소리 빽빽이 박힌 오목한 양지에
마음 한 골 타고 가는 늙은 바람과
반짝이는 굉음 흘리며 지나가는 열차가 있다
콩들이 후렴처럼 영글고
처서(處暑)의 태양 콩잎으로 타들어갈 때에도
비가 오는 날이면 속눈썹이 짙어지는
축축한 고랑이 있다

석류꽃

탱자나무 울타리 안
열아홉 그녀가 피었다
증손녀 철없는 웃음소리
봉분(封墳) 올리는 동안
꽃은 피고
바람은 지고

아흔여섯의 석류나무
지금도 수줍다.

다보탑

당골
만신도
이젠 늙었나
구시렁구시렁
베개 밑에 부엌칼 놓고 잠을 깬 만성 두통의 어머니
새벽 천수경 테이프가 돌아간다
서울 큰 병원 가는 날, 며칠이 걸릴지 모르니
풀 먹인 이불 홑청 안방 가득 펼쳐놓고
몹쓸병은 아닐 거라며
중얼중얼 물컹한 바늘 끝 밀어올린다.
낡은 전축은 토닥토닥 암자 한 채 짓고
문지방을 넘어온 아침햇살
고개 숙인 어머니 등을 오른다
| |　|　| |
암자 오르는 날만 들고 가는 어머니 유품
법당 마루에 내려놓기만 하면 딸그락, 조심해서 들었다가 놓아도 딸그락,
가방 다 쏟아도 아무 것도 없는데, 법당 마루에 닿기만 하면 딸그락
점심 공양 마친 절 마당에 앉아 가방을 살폈다
손가락만 한 구멍으로 십 원짜리 동전 하나,
발소리 내지 않고 돌던 탑돌이 안개 낀 비탈길도 마다 않던 탑돌이
발소리 거칠게 탑돌이 잊을까봐 어머니 그 탑 여기 놓고 가셨다
그 걸음 얼마나 간절했으면, 이 탑 이리 가벼워졌단 말인가,

초락도

그곳에 바다는 없었다.

그 노인 다시는 더 먼 바다에

삶의 그물을 던질 수 없을 것이다.

그리하여

어떤 바다도 그 노인의 젊은 시절을 몰아오지는

못할 것이다

얼룩

햇살 포근하고 숨소리 구김이 없다
잠이 든 젖가슴
만지작거리며 고백한 적 없지만
눈물처럼 그녀와 내가 가깝다
마지막 꿈을 꾸며 잠이 든 그녀,
시트를 적시는 비명이 너무 맑아, 창밖
맨드라미 지천으로 붉은 울음을 토한다

장마 끝나자 안방 모서리가 자작하다
없는 그녀 찾아 장마는 서둘러 온 것인가,
모서리마다 계절의 바람이 박혔다
추억의 열차는 늘 정해진 곳에서 고장이 나고
그녀 열차가 멈춘 곳,
천상과 연결된 안방 얼룩에서
여름이면 푸른 맨드라미가 핀다.

촉매 _觸媒

횡단보도 멈칫하는 순간, 챙 넓은 모자 쓴 여자가 스쳐갔다

링거에 갇힌 구토로 알머리 되어버린 그녀, 핸드백 속에서 어느 가을 등산용 수건을 꺼내 쓴다 소독 냄새 자욱한 병실, 머리는 오대산이 붉게 타오르고, 퇴원 기다리는 그녀에게 챙 넓은 모자를 선물했다 병상 머리맡에서 시름시름 앓기 시작한 모자, 유월을 앓고 있었다. 모르핀의 통증이 멈춘 날, 단 한 번 외출도 없이 사라졌던 모자, 지금 다른 유월을 멀쩡히 걸어가고 있다, 이미 지워진 내일이

젠장, 유월 햇살 주룩주룩 내 발목에 못질을 한다.

돈을 낳는 기계

보건소 원무과 앞
강단 있어 보이는 백발노인
힐끔힐끔 곁눈질한다

잘생긴 얼굴 박힌 주민증 밀어넣고
이거 진짜여!

모정

아가,
혼자 가지 말았어야지
차들은 멈추는 것을 즐기지 않아
부드러운 너의 털 따윈 관심도 없지
서두르지 않는 너의 걸음 또한
짜증스러울 뿐이지

흐린 수요일
눈알이 빠져나온 새끼고양이 죽음을 보았지
귀만 쫑긋, 어미 울음소리 따르다
놓쳐버린 눈물 통째 빼내고 말았지

아가,
비가 내리는 밤길 혼자 걷지 말랬지
뒷모습 노리는 자객이 많아

너의 웃음소리가 초인종을 누르기 전에는
어미는 잠들 수 없지

눈알 빠진
어둠도
눈알 빠진
새벽도
달빛은 비린 방관자 믿어선 안 돼

오늘도 암고양이 발톱에 할퀸 새벽이 푸른 울음을 운다

제3부

성우이용원

이곳의 하루는 과거의 몇 달이다
녹슨 위치에 걸린 채 멈춰 있는 괘종시계
그 안으로 움직였던 날들이
희부연 거울 속에서 수채화처럼 그려지고
가끔 추억을 찾아온 늙은 손님의 유년을 깎아낼 땐
잘려나간 머리카락보다 많은 이야기들이
반세기 넘게 버티고 있는
만리동 골목
그 주파수를 끝내 붙들고 있는 성우이발관

소각장 김씨

그는 오늘도 낮술에 취해 있다
불꽃 때문인지,
불꽃 때문인지, 얼굴은 자꾸 붉어진다
어제도 누군가와 매캐한 난투극을 벌였다

아내의 가출
아이와의 이별
노모의 병환은 느린 속도로 소각되고 있다
불꽃 속으로 뛰어들고 싶은 충동을 술로 다시 적신다

소각장 안, 그는 오늘도 매캐한 술에 취해있다

코바늘 순환선

반짝이는 낡은 구두 사이에
남자처럼 비좁게 서류가방이 앉아 있다
고개 숙인 남자
솔솔솔 풀려나오는 분홍 실
지하철이 어둠을 벗어나 한강 철로를 달릴 때
햇살 엮어가는 손놀림은 더욱 빨라진다
피어나는 분홍 꽃송이들
타버린 가슴에 꽃밭을 만들며
종점 없는 뜨개질은 넥타이 끝에서 계속되고
열차는 말을 걸어 창밖 이정표만 쫑알거린다

흔들리는 서울, 햇살 무늬를 만들고
코바늘에 걸린 걸음이 꽃밭을 일구는 무임승차,

타원형 액자

제대한 아들이 술에 취해
새벽달 목에 걸고 들어온 날
어릴 적 삭은 고무줄 기억
뚝뚝 끊으며 내게 못질한다
노심초사 기다린 새벽이 십자가가 되었다
아직 못자국 보이지 않는 것인지
그래 그럴 수 있어
왜 이 말을 하지 못하냐고 못머리에 눈물 박는다
엄마 눈 속에 내가 있어요
네 살짜리 알토란같은 아들을 꿈꾸고 있다

내 눈물 내가 밟고 창밖이 환해지고

화단에 백일홍도 이렇게 꽃을 피운 걸까
붉은 나무 꽃잎 밟고 서 있는 아침

웅크린 눈물 그늘 쓰다듬으며
그래, 그럴 수 있는 거란다
훗날 내가 이름 석 자 기억하지 못할 때
그때 너는 내게
거친 잠 토닥이며 그렇게 말해다오

이숙자 역리원

그녀 처음 이곳으로 왔을 때
기차가 지나치는 작은 마을이었다
풀리지 않는 자신의 미래에 암호를 걸며
철길을 건너온 그녀
당당히 걸었던 고집 센 '이숙자 역리원'
궁핍한 그들의 사주를 풀어주다
자목련의 봄은 홀로 붉어졌고
입놀림이 무성할수록 그녀 주술은 강해졌다

이젠 해묵음이 가늠되지 않는 목간판
음각된 글자엔 한숨처럼 움푹, 바람이 들어차고
질경이로 번졌던 소문들 마당 잡초로 무성하다
새벽이면,
뭉툭한 작두 위로 주술의 울음 울리는 기차가 멈췄다 간다.

그, 꽃

누렁이 컹컹 보름달 잘라 먹던 밤
아직 어린 동생의 잠꼬대처럼 분꽃은 열렸다, 닫혔다

어머니 상처 선홍빛 젖무덤에 분꽃이 핀다
까만 분꽃이 핀다,

엄마

산비탈
좁다란 길 열린다
보따리 보름달로 둥둥 떠가고
어둠에 먹힌 걸음걸음
치맛자락 별들 가득하다
길이 닫힌다
여인은 없고
바람만 자분자분
풀벌레 소리 넘고 있다.

당당한 조끼

후배 신인문학상 시상식 다녀오는 길
동행한 오랜 지기 시인이
사람 많은 지하상가를 가자고 했다
가게마다 걸린 옷만큼이나 많은 사람들
뒤로 밀리는 서울구경에서
뭔가 찾은 듯 시인은
엉덩이 푹 덮이는 조끼 두 장 들고
촌에서 왔으면 한 이십만 원 쓰고 가야지요
너스레 떨며 사람 냄새나는 만 원짜리 두 장 건넨다

올 겨울은 걱정이 없다
엉덩이까지 푹 덮은 정(情)으로
아랫목에 앉아
묵은 詩의 꽁지 자르기를 해야겠다. 당당한 등 곧추
세우고

함지박

비녀 꽂은 아낙이
절구질한다
글만 읽던 서방님 우려내듯
먹물만 우려내고
뼛골 빠진 서책에
절구질한다
부뚜막에 걸터앉아
들기름 반지르르
없는 활자도 읽어내는 아낙네

백 년 동안 시댁 살강을 지켜온
종이 함지박에
마른 꽃잎 소복이 담았다
어머니의 어머니까지 웃고 있다
내 책상에서

도토리묵을 쑤다

잘 저어야 낭창하다는
상수리나무 그늘을
부엌에서 흔들었다

칠장사 산자락 손톱만 한
이야기 주워온
목청 큰 임씨의 산역(山役)이 끝난
다음날

소나기

마당에 바지랑대 빗줄기 캄캄히 고이고
빨래집게에 꽉 물린 아버지
너무 차분한데

고추밭 달려간 삽자루에 그만 햇살이 든다.

여자

병원 회전문 옆에서
심히 흔들리는 다리 힘 몰아놓고
빨간 루주 바르는 할매,
이런들 저런들
여기가 서울이라는데
손거울에 입술만 집어넣고
삐뚤빼뚤 고향집 화단 가꾼다
휠체어에
맨드라미 보슬보슬 피었다.

하다.

'먹을 만하다' 라고 단답하는 당신
더 이상 밥상을 차리지 않겠노라 으름장을 놓아도
언제나 헤벌쭉 '먹을 만하다' 웃어넘기는 당신

강원도 내면에서 오신 손이 두툼하고
온기 넘치는 시인이 '하다' 를 말씀하십니다
허기진 속 소나무껍질로 달랬던 시절
강원도 산골 옛말에 '~하다' 라는 말랑한 말이 있었더래요
일정한 기준을 넘어 '좋다' 라는 뜻 담고 있었더래요
갓 지어 모락모락 찰옥수수 떡이 먹을 만하다
자작나무 자작자작 타오른 아랫목이 잘 만하다
'하다' 보다 더 좋은 말은 없었더래요

손톱 갈라진 항암 치료 끝낸 당신이
'먹을 만하다' 를 이마의 땀방울로 쏟아놓던 날,
모르고 살았네요, 최고의 폭죽 터지는 순간순간을

춤추는 여자

산중 야외 음악당
라이브 가수 앞에서
여름밤이 춤을 춘다

고장난 바비인형

사뿐사뿐
산허리 풀어놓으며
허공이 밟히는 발 아래
숨은 어제가 있다

울고 있는 바비인형

제4부

자두

바람에 멍든 햇살
푸념이 시디시다
사거리 모퉁이
노파만 한,
情

봄이다 1

'농구장 주차장에서 00일 새벽 접착 사고 났음'

경비원 일지에 일어난 접착사고,
얼마나 좋아하면 딱 붙어버렸을까
얼마나 사랑스러우면 떨어지질 않을까
모두가 잠든 새벽
하루가 얼마나 길었으면 엉덩이 꽉 잡고
딱 붙어 떨어지지 못했을까
경비원도 남자도
신경전은 없었겠다, 딱 붙어버렸으니
하나만 바꾸면
하루종일 꽃이 핀다
내가 너를 망가뜨린 것이 아니라
내가 너를 사랑한 게 되었으니 얼마나 환한가,
농구골대 반쯤 걸린 보름달도 킥킥거렸을 새벽

산수유 빨간 열매들 덩달아 소곤소곤, 다시
툭툭 꽃망울이 터지는 봄날이다

봄이다 2

다세대 주택 담장 밑으로
나란히 내걸린 할마시들
마늘 까는 수다가 알큰 골목을 흔든다
저려오는 무릎 통증 곁으로
길몽처럼 쌓이는 마늘 알들
홀딱홀딱 벗겨지는 오후의 고요 속으로
야채 장수 양씨의
확성기 소리 떠들래 파고드는 봄, 향기다

봄이다 3

전철을 기다리며
첫사랑이라는 시 읽고
두 걸음 멀리 줄을 섰다
두근두근
매화향기 느끼고 있었다

두리번두리번
작달막한 아주머니
앞으로 슬쩍궁 몸 밀고는
뒤통수도 당당히 앞만 바라본다
그녀 등에 만발한 꽃송이 보며
그래, 봄인데 뭐

봄이다 4

도서관 벤치
백발의 연인
영산홍 붉게 핀 손
쓰·다·듬·네·

오전 열한 시
다목적 홀에서
봄의 향연 연주 중이네
수줍은 손 리듬을 타네
바람이 붉어졌네

봄이다 5

키보다 높은 폐박스 리어카
서로 닮은 속도네
외로움 달래는 새벽 경전들
차곡차곡 두꺼워져 있네
활짝 웃고 있는 백발의 노파
무인 리어카로 도로를 건너가네
벚꽃잎 춤추며 길 안내하네
놀란 황색 신호 숨 몰아쉬어도
꽃잎은 길-게 건너가네

봄이다 6

보건소 순환 버스를 탔다
흰나비 지팡이 들고
날개 펴는 동안
맨 뒷자리 창가에서
누에고치처럼 오래 설레었다

봄이다 7

구시장 막다른 골목
남자는 햇살 조금씩 발라먹으며
부서진 싱크대 나사를 풀고 있다
녹슨 나사가 풀려나올 때마다
헐거워진 안으로 들어차는 담배연기
좀처럼 조여지지 않는 잔기침들
라일락 향기 햇살 토닥이는 나른한 오후다

봄이다 8

밤 늦도록

아들 방에 불이 켜 있다

현관에 늠름한 군화

태연히 구겨져 있는 아침,

꽃밥

새끼발톱에
톡,
꽃이 피었다

향일암

몸 하나 겨우 빠져나가는
바위틈으로 바다가 기다리고 있었다

절벽에 걸린 신라는
해를 밀어올려 바다를 잠재우고
벼랑 끝 동백나무 한 그루
움켜진 붉은 열정 모가지 뚝뚝 꺾어버린 날

짙푸른 수평선 끝자락에 걸린 구름이
바랑 하나 걸머진 채 섬을 지나고 있었다.

바람이 불잖아요

늦은 저녁상 받은 아들이
가방에서 검은 비닐봉지를 꺼내놓는다

손톱이 새카맣도록 껍질을 깐 것이 엊그제인데
냉장고에도 가득한 땅콩을 건넨 아들에게
눈을 동그랗게 떴다
어쩌면 땅콩할머니는 지금도 역앞에 계실지 모른다며
근심 수북한 밥술을 외면하고
땅콩봉지 남편과 서로 밀치고 있으려니
–내일은 도시락 싸주세요, 피식 웃는 아이

베개로 삼더라도 네 방에 두거라
던져준, 백발이 성성한 시인과 내 귀가 마주쳤다

터만 남은 외갓집

꽃들은 햇살을 걸어두고 봄을 거두어 갔다

기억으로 더듬어가는 집터 풀들은 빽빽이 자라 있고
들깨가 줄지어 있던 그 땅에 이름 모를 들꽃들
외할머니의 잔소리를 먹고 자라
가뭄 지열에도 터만 지키고 있었다
오래된 일기장을 넘겨가듯 감나무 밑을 맴돌다가
발견된 호미 하나, 외로움에 썩은 자루는
녹슨 쇠붙이로 추억의 밑바닥을 매고 있었다
마른 옥수수 알갱이처럼 쏟아지던 외할머니의 옛날
이야기
내려앉은 지붕 위로 불쑥불쑥 솟아오르곤 하였다

그곳은 어떠한가요
사계절 내내 꽃 피고 밤에도 낮에도 마실꾼이 넘치

는 사람 많은 곳인가요
꽃 다 져버린 그늘에서 혹은 만수가 된 저수지의 물속에서
문득문득 지금도 당신은 노을 가득한 콩밭을 매고 계십니다

눈으로 듣는 소리

팽팽한 웃음은 위태롭다

대형마트 건너편 펄럭이는 현수막
'사람을 찾습니다'
열일곱 멈춰버린 딸의 얼굴
눈물의 시간 곱한 웃음 그려넣고
세수를 시키듯 현수막 갈아맨다

친구처럼 익숙해진 그녀
대형마트 사람들 밀려들고
비, 내린다
떠나가는 화물차 뒤로
아버지 같은 바람 -사람을 찾습니다.

팽팽한 눈물이 흐른다

빈집

기억을 돌면, 담을 넘어 골목의 동정을 살피는 나무 한 그루 있다

그가 처음 어린 나무를 옮겨 온 것은 마흔이 넘어 얻은 아들 때문이었다 나무는 그의 굽어가는 어깨와는 무관하게 푸르렀다 살얼음이 낀 밤도 환하게 경운기 소리 요란한 어느 날, 벽장을 털어 도시의 네온 속으로 아이의 성장이 멈춰버린 이후 기다림은 해마다 무성한 꽃송이를 늘려갔다 가끔은 빈 소주병이 햇살을 받아 서글픈 빛을 반사하기도 했다 담뱃불이 어둠을 타들어가는 동안 기억만으로 나무는 잎의 수를 늘려갔고 꽃은 뚝뚝 봄을 외면해갔다 풀이 무성하게 자라 이제는 빈집 소통되지 않는 혼잣말만 가득한 그곳, 담장은 점점 낮아지고 기억만 자란다, 꽃은 또 피고

교대근무증후군

아이는 몰라보게 살이 찌기 시작했다
벼룩시장 헐렁한 교복을 이천 원에 다시 사왔지만
그녀는 전혀 눈치 채지 못했다
아이는 검은 식욕들을 꾸역꾸역 삼키기 시작했다
하마 입보다 커지는 아이의 불안감을
그녀는 여전히 눈치채지 못했다

모녀의 대화는 냉장고에 붙은 노란 포스트-잇,
일방적인 그녀의 요구들로 새롭게 붙지만
약속된 분홍 포스트-잇을 아이는 한 번도 사용하지
않는다
착한 아이는 환하게 그녀 안에 있다
그러므로 수면제 빌려 잠드는 한낮이 두렵지 않다
그녀의 밤이 길어질수록 아이는 점점 커지고 있었다

물렁해진 아이는 창가에서 자주 깊은 잠에 빠져버린다
그녀와 다른 공간에서 함께 잠이 든 모녀,
그날은
비가 많이 내렸었다
우산을 받쳐도 자꾸만 젖는 어깨와 빗소리가
아이의 목을 졸랐던 것이다

야행성 기계로 변해있던 그녀, 밤길이 낯설었다
도시로부터 순장된 무덤 속 같은 물 위를
위태롭게 건너 발목이 시려왔다
어둠 속 불빛은 한낮 태양보다 환했고
아니었다, 정말 아니었다.
공주 같은 아이가 아니었기에 그녀는 아니라고 했다
내·아·이·가·아·니·라·고

아이의 일기장은 넘겨도 넘겨도 그 자리
노란 포스트-잇, 엄마만 있다
습기 찬 옷장에 걸린 깡마른 교복 주머니
분홍 포스트-잇, 한 줄
자·꾸·배·가·고·프·다.

단단한 등

트럼펫 소리는 물 밑으로 가라앉지 않는다

두 번째 버스가 멈춘 뒤 남자가 내리고 저수지는 바람을 잠재운다 등에서 내린 트럼펫은 칭얼거리며 소리내기 시작했다 등 뒤로 세 번째 버스가 지나갈 때까지 남자의 등이 저수지 끝에서 울었다 손끝에서 우는 소리는 그리운 타전이 되어 소나무 숲을 흔들었다 남자의 등은 들키지 않았다 스위치를 더듬는 손과 바닥에 흘러넘친 김칫국물, 대충 빨아 널은 빨래도 찌든 수건도 등 뒤로 감추는 데 성공했다

물을 건너간 트럼펫 소리가 그의 등에 다시 업혔다. 남자의 등이 단단해진다.

발문

십 원이 키운 힘

-어둠을 지나 봄으로

노희정(시인, 육필문학관 관장)

박정수 시인은 2010년에 한국문화예술위원회 창작 지원금 수혜를 받아 『봄의 절반』이라는 시집을 출간한 시인이다. 『봄의 절반』의 시집 해설을 쓴 장석주시인은 "그의 상상력을 물들이는 기본 색조는 붉음이고 그 질료성은 물을 머금은 물컹함이라는 특이성을 띤다. (중략) 지하세계로 스밀 때 물은 소멸과 죽음의 표상이다. 다시 지상으로 올라올 때 물은 씨앗들을 발아를 촉진하고 식물의 뿌리를 적셔 성장을 돕는 생명의 불가결한 원소다." 라고 하면서 "박정수의 시들이 여성성에 더 깊이 뿌리를 뻗쳐간다면 더 개성적인 세계를 일굴 수 있으리라고 생각한다." 고 덧붙였다. 이것을 참고해 본다면 박정수 시인의 첫 번째 시집은 죽음과 소멸 등 다소 어두운 하향 이미지를 주조로 하고 있음을 알 수 있다.

두 번째 시집 『오목한 양지』 시편들은 첫 번째 시집

과는 다소 다른 성향을 보이고 있다. 첫 번째 시집에서 보이던 죽음이나 소멸 등의 이미지가 사라진 것은 아니지만, 대부분은 자신이 성장해 온 고향에 대한 이야기를 소재로 하고 있다. 간혹 남편과 아들의 존재가 나타나고 그에 따라 아내로서의 투정, 엄마로서의 모성애도 간간이 엿볼 수 있다. 그리고 시집 마지막 시편에서는 물기 촉촉한 봄을 노래하고 있다.

두 번째 시집에서 특히 주목되는 소재는 십 원이다. 물론 이 십 원이라는 소재는 첫 번째 시집에서도 이미 강한 이미지를 드러낸 바 있지만, 두 번째 시집을 통해서 그 이미지가 더 극명하게 드러난다.

청상과부인 외할머니의 기둥은 감나무였다
그 감꽃을 먹고 내가 자랐다

생불이 낳은 새끼였다
국숫값 십 원을 남겨 만화방 누볐을 때
물을 더 잡아 끓여낸 국수 그릇에 외갓집 감나무가 있었다
나는 십 원짜리 시인이다

홑겹 창문에 바람이 스산한 친정집에서
어릴 적 일기장 속 뒹구는데

칠순의 엄마 볶음밥을 해왔다
오이 당근 양파
재래시장 파장의 소리 수북한 볶음밥 먹는다
구우-구구우 어디서 자꾸 산비둘기 울음소리가 들린다

낡은 것 안에는 황량한 사막의 바람이 살고
내 안에 그 바람을 달리는 낙타 한 마리 산다
소소초를 씹으며 울컥울컥 샛길 걸어 나오는
내가 있다, 지금도 자라고 있는 십 원이 내게 있다

「자화상」 전문

시인이라면 누구나 시인이 되기 위한 남다른 동기나 과정을 갖게 마련이다. 섬진강 시인 김용택은 자신을 시인으로 키운 것은 어머니라고 했다. 시골에서 자연과 함께 사시는 어머니의 입에서 나온 말들이 다 시였다고 한다. 그저 어머니 말씀을 주워서 적으면 그것이 시가 되었다고 한다.

이 시를 통해서 볼 때 박정수 시인을 시인으로 키워준 것은 '십 원' 이다. 십 원의 힘으로 그는 시인이 된 것이다.

시인은 어려서부터 국숫값을 절약해서 만화책을 읽는 독서광이었을 것이다. 성장하면서 십 원 절약한

정신으로 문학서적을 누구보다 많이 탐독했으리라 본다. 청상과부인 할머니의 기둥은 감나무였고 그는 감꽃을 먹으면서 서정적 시심을 키웠을 것이다. 그 십 원은 이 땅에 또 한 명의 시인을 만든 귀한 종잣돈인 것이다. 시인은 자신 있게 말한다. "나는 십 원짜리 시인이다" 라고. 시인의 주머니에서는 아직도 십 원이 건강하게 자라고 있을 것이다. 아마 그 십 원의 원천은 시인에게 있어서는 외할머니이고 어머니일 것이다. 이런 맥락에서 본다면 박정수 시의 고향집은 할머니고 어머니가 아닌가 싶다.

시인이 가지고 있는 감성적 느낌을 적절한 비유로 표현할 수 있다는 것은 축복이 아닐 수 없다. 이미 박정수 시인의 시적 표현력은 첫 번째 시집에서 인정받고 평가를 받았다. 십 원이라는 동전에서 나온 힘이 박정수 시인을 시인이 되게 해 준 가장 소중한 선물이 아닐까 생각될 만큼, 첫 번째 시집『봄의 절반』에서부터 십 원이라는 동전의 힘이 나타난다.

암자 오르는 날만 들고 가는 어머니 유품
법당 마루에 내려놓기만 하면 딸그락, 조심해서

들었다가 놓아도 딸그락,
가방 다 쏟아도 아무것도 없는데 법당 마루에 닿기만 하면 딸그락
점심 공양 마친 절 마당에 앉아 가방을 살폈다
손가락만 한 구멍으로 십 원짜리 동전 하나,
발소리 내지 않고 돌던 탑돌이
안개 낀 비탈길도 마다 않던 탑돌이
발소리 거칠게 탑돌이 잊을까봐 어머니 그 탑 여기 놓고 가셨다
그 걸음 얼마나 간절했으면, 이 탑 이리 가벼워졌단 말인가

「다보탑」 중에서

어머니의 유품에서 나온 십 원. 그 절절하고 가슴 시린 작은 돈. 그것이 박정수 시인을 키운 힘이다. 이렇게 본다면 어머니의 가방에 남은 그 십 원은 곧 어머니의 지극한 정성과 사랑의 증표라고 할 수 있다. 사시사철 다보탑을 돌던 어머니의 마음 그 자체인 것이다. 십 원에 대한 시인의 심정은 「파꽃」에서도 엿볼 수 있다.

박정수 시인의 시에는 죽음과 관련된 작품들이 적지 않은데 이런 성향은 첫 시집에서도 잘 나타난

다.「봄의 절반」「新 고려장」「마지막여름」「망초꽃1」 등 여러 작품에 죽음에 대한 인식이 드러난다.

두 번째 시집에서도 죽음의 그림자가 짙게 나타난 시편들이 여럿 있다.「타원형 액자」「얼음 연가」「눈은 비처럼 내리고, 사람들은 꽃잎처럼 흩어지고」등 다수의 작품이 죽음에 대한 인식을 담고 있다

정말이에요 당신
한 가닥 두려움이 없이 사라질 수도 있다니까요
그땐,
당신이 아무리 찾아도 다시 돌아오지 않을 거예요
조심해요 당신

당신은 무심히 떠나지요

갇힌 채 당신처럼 주인이 되지요
깜깜한 벽의 스위치 누를 순 없지만
조심해요 당신
나는 정말 사라질 수 있다니까요
당신의 유리컵을 살펴보세요

모르죠 당신,

「얼음 연가」 중에서

이 시는 감정을 최소한 억제하고 귀에 대고 속삭이듯 쓴 시다. 하지만 시를 다 읽는 순간 가슴에 살얼음이 낀 느낌을 준다. 그대의 커피의 단맛/ 밤새 지켜본 입술을 녹였지요/놀라지 마세요 당신/정말 흔적 없이 사라질 수 있다니까요. 이 시가 암시하는 것은 누구나 느닷없이 겪을 수 있는 죽음에 대한 경고다. 장황한 수식 없이 리얼하게 표현했다고 볼 수 있다. 그럼에도 불구하고 박정수 시인의 두 번째 시집이 희망의 봄빛으로 마무리됨을 보고 안도를 하게 된다. 시인이 긴 어둠의 터널에서 타박타박 걸어 나와 시집의 끝자락에서 봄을 노래하고 있기 때문이다.

하루 종일 꽃이 핀다
내가 너를 망가뜨린 것이 아니라
내가 너를 사랑한게 되었으니 얼마나 환한가,
농구골대 반쯤 걸린 보름달도 킥킥거렸을 새벽
산수유 빨간 열매들 덩달아 소곤소곤, 다시
툭툭 꽃망울이 터지는 봄날이다

「봄이다1」 중에서

"시를 복용하자마자 세포가 살아나는 것 같다." 라는 말이 있다. 박정수 시인에게는 시가 약이고 치료제다. 두 번째 시집『오목한 양지』는 아픔을 치유하는 봄을 노래하고 있다. 이제부터 박정수 시인의 정원에는 어떤 바람이 불어도 흔들리지 않는 시심이 깊이 뿌리 내리고 열정의 여름을 맞이하리라.

오목한 양지

초판 1쇄 발행일 **2016년 12월 03일**
초판 2쇄 발행일 **2016년 12월 18일**

지은이 **박정수**
펴낸이 **김미희**
펴낸곳 **몽트**

출판등록 **2012.12.20 제 2014-0000-38호**

주소 **안산시 단원구 선부광장북로 36**
전화 **031-501-2322** 팩스 **031-501-2321**
메일 **memento33@hanmail.net**

값9,000원
ISBN 978-89-6989-023-8 04810
ISBN 978-89-6989-022-1 (세트)